U0477826

顾　问：吴丽芳

主　编：隋玉玲

副主编：林　琼　彭如玲　赖　薇

编　写：（按姓氏笔画排序）

马嘉曦　王　欣　刘冰灵　宁杨静　刘汐汐　李　立　吴莉莉

肖杏影　余晨晨　杨慧媛　杨凌燕　杨　子　陈文清　陈筱倩

林　琼　郑景云　范诚琳　俞海玲　祖桂枝　郑　蕊　徐秀美

游屏田　隋玉玲　彭如玲　赖　薇

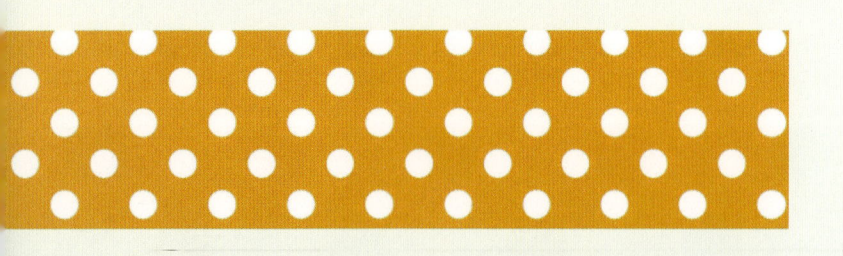

幼儿园主题活动环境创设

海峡出版发行集团 | 福建教育出版社

隋玉玲 主编

图书在版编目（CIP）数据

幼儿园主题活动环境创设/隋玉玲主编．—福州：福建教育出版社，2018.3
ISBN 978-7-5334-8107-0

Ⅰ.①幼… Ⅱ.①隋… Ⅲ.①幼儿园—环境设计 Ⅳ.①G617

中国版本图书馆CIP数据核字（2018）第067502号

You'eryuan Zhuti Huodong Huanjing Chuangshe
幼儿园主题活动环境创设
隋玉玲　主编

出版发行	海峡出版发行集团 福建教育出版社 （福州市梦山路27号　邮编：350025　网址：www.fep.com.cn） 编辑部电话：0591-83726859 发行部电话：0591-83721876　87115073　010-62027445）
出 版 人	江金辉
印　　刷	福州华彩印务有限公司 （福州市福兴投资区后屿路6号　邮编：350014）
开　　本	889毫米×1194毫米　1/16
印　　张	7.25
字　　数	90千字
版　　次	2018年3月第1版　2018年3月第1次印刷
书　　号	ISBN 978-7-5334-8107-0
定　　价	32.00元

如发现本书印装质量问题，请向本社出版科（电话：0591-83726019)调换。

序

福建幼儿师范高等专科学校附属第一幼儿园（以下简称"福幼一园"）在构建"融关爱于幼儿一日生活课程"的实践研究中，倡导关爱生命、根植生活、快乐成长的课程理念，以培养健体魄、会生活、爱探索、善表达、懂关爱、显个性的快乐儿童为课程目标，以关爱自我、关爱他人、关爱环境为课程主要内容，关注幼儿在生活和游戏中的学习与发展需求，创设了生活化、游戏化、多元化的教育环境。《幼儿园主题活动环境创设》一书，是福幼一园教师在实施园本关爱课程的 11 个主题活动过程中，汇集和梳理的涵盖五大领域内容、支持幼儿主动学习的教学研究成果。

本书体现了教师在主题教育环境创设中，注重因地制宜地利用活动室及毗邻的大厅、长廊、走道等室内外场所，创设能引发幼儿自主交流、探索和游戏的互动式主题环境；关注幼儿的学习方式与特点，引导幼儿亲历规划、搜集、制作、表征等主题环境创设的全过程；追随幼儿的兴趣和关键经验，动态调整和同步呈现主题活动推进的脉络及幼儿学习与发展的轨迹。这些来源于教师教育教学实践的研究成果，富有生活气息，可操作性强，体现小、中、大班幼儿不同的生活经验与发展水平，是教师共同自主研发的园本课程教育资源之一，是践行《幼儿园教育指导纲要》《3-6岁儿童学习与发展指南》环境创设理念的优秀范例，对广大幼儿教师深入践行《3-6岁儿童学习与发展指南》，推进园本课程建设具有启发和借鉴意义。

其主要体现为如下几个特点：

1. 彰显游戏性——支持幼儿主动学习。幼儿的认知、情感和社会性的发展始终来自于和环境的相互作用，且幼儿与环境相处的方式也直接影响教育的质量。福幼一园的教师充分关注环境作为教育资源的重要意义，在环境创设中充分发挥幼儿的主体作用，为幼儿提供更多的表现机会与条件，激发幼儿积极介入环境创设，在与环境的交互作用中，引发游戏兴趣、支持游戏活动、解决各种问题、体验成功的自信与快乐。这具体表现在两个方面：一方面是环境引发游戏，例如中班《好吃的食物》一课，通过引导幼儿品尝福州风味小吃、参观海鲜市场、布置美味排行榜等，生成"小吃店"游戏；另一方面是游戏推进环境创设，"小吃店"游戏的开展持续推进幼儿对美食长廊的创意展示和小吃一条街的热闹开张，整个活动过程，教师为幼儿提供了健康、丰富的生活和活动环境，让幼儿在与环境的多向互动中满足游戏的天性，在快乐的游戏活动中获得有益于身心发展的经验。

2. 强调体验性——保障幼儿有效学习。幼儿园的环境教育不仅在于它对自然、生活和环境问题的关注，更在于它如何基于幼儿的学习方式和特点，以现实经验为基础，为幼儿提供充分的机会和条件获得直接体验，保障幼儿的有效学习。幼儿教育有一百种语言，有一百种表达的方式，基于幼儿游戏主题的环境创设就是其中的一种。我们看到，福幼一园围绕幼儿感兴趣的游戏主题，幼儿充满自信地参与活动，说自己想说的话，做自己想做的事，积极愉快地介入游戏主题的环境创设之中，环境创设为幼儿提供了多元表现、交流和分享的平台，有效促进幼儿的可持续探究和主动学习。例如小班《快乐的秋天》一课，幼儿通过赏菊花、拾落叶、放风筝、布置秋游摄影展、手掌印画树叶、纸杯制作菊花、枯枝巧变瓶花等多种感官参与的活动，让幼儿体验环境、创设环境，在真正属于他们的环境中，通过实际操作获得有益的学习经验和良好的学习品质。

3. 体现开放性——拓宽幼儿学习平台。福幼一园的环境创设彰显环境创设的生态系统观，关注教育的原生态环境，珍视幼儿生活的独特价值，重视幼儿园小环境创设与家庭、社区和地域文化等大环境的有效互动，幼儿园小环境的创设也充分关注班级室内环境与走廊、楼道以及户外环境的整体设计，开放互动的环境创设有效拓展了教育的时间和空间，最大限度地为幼儿的发展提供机会和条件。例如大班《闽剧小票友》一课，在家长的支持帮助下，幼儿走进福州闽剧院观看精彩的闽剧表演，并将闽剧演员请进幼儿园与幼儿近距离互动，引发了幼儿对福州地方戏曲的浓厚兴趣，也激发了幼儿制作、表演和分享的系列活动。在积累了较丰富的闽剧经验之后，幼儿用绘画、泥工、布艺、刺绣等形式，设计制作闽剧服饰、道具等，同时，在自己创设的闽剧小舞台上大胆表现。这些活动和环境体验与创设有的在幼儿园内、有的在幼儿园外，有的在班级、有的在户外，内外联动、整体设计的开放性环境有效拓宽了幼儿的学习平台，让幼儿在真实的教育情境中获得深刻的体验和长足的发展。

4. 追求人文性——爱的教育共促发展。福幼一园的园本课程是根植一日生活的关爱课程，环境创设处处彰显爱的教育。首先是关爱幼儿，让幼儿真正成为环境创设的主人，保障幼儿游戏的权利；其次是关爱教师，尊重教师的专业自主权，着力提升教师通过环境创设引导幼儿有效学习的专业智慧；同时关爱家长，通过环境创设帮助家长及时了解教育动态，吸引家长积极参与相关活动，发展亲子教育技能。我们看到福幼一园基于爱的环境创设实现的是幼儿的快乐成长、教师的专业发展与家园的和谐共育。例如中班《多彩的服装》一课，我们看到的不仅仅是在教师的专业引导下和家长的有效支持下，幼儿如何布展服装主题墙、设计制作个性服装和开办小小制衣工厂，我们感动的是幼儿为教师设计的孕妇服和新娘装，整个活动推进和环境创设注重的是活动过程的情感铺垫和熏陶，使幼儿在充分感受爱、体验爱的氛围中去表达爱，进而回报爱。

福建幼儿师范高等专科学校　吴丽芳
2017年10月

目录

小班
1. 小汽车嘀嘀嘀 ——2
2. 水果总动员——11
3. 快乐的秋天——20
4. 可爱的蛋宝宝——26

中班
1. 伞花朵朵开——36
2. 好吃的食物——43
3. 多彩的服装——55

大班
1. 闽剧小票友——64
2. 我的运动我做主——75
3. 百变汽车——87
4. 怪物大学——96

小班

1. 小汽车嘀嘀嘀

在新生家访中发现孩子们家中有各种各样的汽车玩具，有的孩子骑着挖掘机迎接老师的到来，有的孩子刚开始对老师的来访感到陌生、紧张，当老师聊起汽车时，他们便开始亲近老师，愿意介绍和分享自己的小汽车。基于孩子们对小汽车的兴趣，我们开展了贴近孩子生活的"小汽车嘀嘀嘀"主题活动。

在"汽车展览会"上，孩子们相互分享自带的玩具汽车，介绍喜欢的车型、熟悉的车标、各种车辆的功能，学习将汽车归类停放；通过绘本、视频，引导孩子们了解挖掘机、救护车、消防车等特殊车辆的主要功能，发现其在生活中的作用；支持孩子们利用各种材料设计和搭建喜欢的汽车，开展"小汽车"游戏；鼓励孩子们以拼贴、拓印、彩绘等方式创设汽车活动环境，获得美的感受和愉悦的游戏体验。

主题墙

马路上有哪些汽车？你最喜欢小区停车场中的哪辆车，为什么？挖掘机、救护车、消防车等车辆有什么本领？……孩子们带着问题，自主地交流自己的发现和想法。

我喜欢的汽车

孩子们常常围在与爸爸妈妈共同搜集的汽车图片前欣赏、交流

与老师一起用瓶盖、废旧水彩笔、纸卷芯设计并制作的汽车标志

小班

我和汽车一起玩

孩子们在活动区里利用各种材料，拼搭自己喜欢的汽车；将小球舀进卡车装运；用子母扣粘贴各种图案装饰车辆；把物品夹进大货车"冷藏保鲜"……

幼儿园主题活动环境创设

汽车展览会

孩子们与老师一起用大小不同的纸箱搭建了立体停车场，将各种车辆按公交车、小轿车、工具车等类别有序停放。

孩子们在弯弯曲曲的"马路"上选择线路"开车"，逐步增设斑马线、红绿灯、隧道后，开车就更有趣了。

孩子们与爸爸妈妈一起用废旧纸盒制作了各种汽车，每辆汽车都有自己的车牌号，看一看、数一数，汽车就能找到家。

我是小司机

孩子们在活动区选择自己喜欢的五彩颜料彩绘纸箱汽车。瞧，坐上汽车玩游戏多开心多神气！

幼儿园主题活动环境创设

我设计的汽车

孩子们用沾上各种颜料的轮胎，在卡纸中印出不同的花纹，还用拼贴、涂鸦、拓印等方法把汽车装饰得更加漂亮。

你还见过什么样的汽车？还可以怎么装饰汽车呢？孩子们欣赏了各种创意汽车之后，一起搜集和准备材料，用涂鸦、手掌印、泡沫纸拓印、纸球装饰等各种方式装饰汽车。

幼儿园主题活动环境创设

2. 水果总动员

在一次别开生面的"水果分享会"上，孩子们看着一盘盘趣味水果造型提出问题："这些是什么水果？""长得这么小，是水果吗？""为什么有的水果要削皮才能吃？"基于孩子们对水果的好奇与喜爱，我们结合季节特点开展"水果总动员"主题活动。

在主题活动中，孩子们与爸爸妈妈共同搜集秋季水果实物、图片，展示在观察角与主题墙上。通过看看、闻闻、摸摸、尝尝，孩子们发现各类水果的形状、手感、香味等特征。在此基础上，引导孩子们设计和制作各种水果饰物，进行水果拓印、装饰灯笼、水果创意画与水果印章等活动。随着主题活动的推进，孩子们开始对水果从哪里来感到好奇。于是，我们为孩子们提供了"我认识的水果""水果长在哪儿""树上的水果""水果拼一拼"等操作材料，满足孩子们的认知需求。在"水果分享会"上，孩子们与老师、同伴共同品尝和分享各种水果，和爸爸妈妈一起用多种水果组合成水果娃娃或水果拼盘。孩子们通过动手操作、亲身体验、快乐分享，不仅对常见水果有了进一步的认识，而且获得了水果与自身健康关系的生活经验。

幼儿园主题活动环境创设

主题墙

各种各样的水果与水果横切面图片、孩子们的果篮记录表、趣味拼盘造型和水果分享会照片，吸引着孩子们看一看、猜一猜、说一说。

我认识的水果

孩子们结合水果的形状、颜色、香气，猜一猜、说一说这里有哪些水果，看一看、摸一摸、闻一闻、尝一尝、找一找自己最喜欢的水果。

水果创意

孩子们和老师、爸爸妈妈一起，利用蛋糕盒自身的形状巧变各种水果造型，并用拼摆、揉贴、撕贴等方式进行装饰。

孩子们将自己快乐涂染、趣味撕贴的作品展示在向日葵花里。

尽情涂染，自主拼摆，孩子们的创意果盘引来了许多美丽的蝴蝶。

我和水果一起玩

孩子们欣赏同伴和爸爸妈妈一起制作的趣味水果造型,猜想它们像什么。

活动室悬挂着孩子们利用废旧材料制作的各种"水果",成了孩子们喜爱的缤纷果园。

幼儿园主题活动环境创设

孩子们操作着用不织布制作而成的水果宝宝，分辨地里、树上和藤蔓中长出的水果，边数边在果树中贴上相应数量的水果。

孩子们根据水果的颜色、形状、大小等特征，以对应拼贴的方式找到它们的好朋友。

孩子们自主选择不同水果的切面，在瓷砖墙上大胆拓印。瞧，这是孩子们的水果创意涂鸦墙。

幼儿园主题活动环境创设

在美工区中，孩子们自主选择水果印章，在彩色卡纸上拓印并添画。美丽的画卷和纸灯笼，把活动室装点成五彩的小世界。

孩子和爸爸妈妈在家中一起动手，制作各式各样的创意水果拼盘，与家人共同分享，真开心！

孩子们和爸爸妈妈一起制作的水果拼盘海报，生动地表现了孩子们参与活动的快乐过程。

3. 快乐的秋天

"周末爸爸妈妈带我去放风筝了。""妈妈说天气变凉了，今天要穿长袖。"……秋天在孩子们的交流中悄然而至。为了让孩子们进一步了解和感受秋天的美好，支持孩子们的探索兴趣，我们开展了"快乐的秋天"这一主题活动。

在活动中我们充分利用资源，引导孩子们自主寻找秋天，拍摄自己喜欢的秋叶，分享"找秋天"的见闻……孩子们用自己捡拾的落叶，玩"树叶找家"游戏，发现各种树叶的异同，与爸爸妈妈一起制作树叶拼贴画……与此同时，孩子们还对郊游中看到的菊花产生了兴趣，不仅与同伴共同观赏，发现菊花的秘密，还用拓印、涂画、剪贴等方式制作美丽的树叶、菊花和小蝴蝶等装饰活动室，感受秋天的气息。

主题活动以寻找、观察、探索、交流、游戏等形式，充分调动孩子们的感官，引导他们在活动中亲近自然、融入自然，使孩子们的生活充满秋趣秋情。

主题墙

孩子们将自己找到的秋天的秘密与同伴分享。他们欣赏着千姿百态的菊花照片，回忆起郊游时看到的自己喜爱的菊花模样，谈论起菊花的颜色、味道以及形状……

树叶像扇子、像小手、像扫把、像小船……孩子们在公园、社区、幼儿园里找到了自己喜爱的、有趣的树叶，开心地与老师、同伴交流分享。

秋天天气干燥，要多喝水哦。喝完一杯水就在卡槽里插一张杯子卡片。数一数今天你喝了几杯水？

幼儿园主题活动环境创设

秋天真快乐

孩子们兴致勃勃地边看郊游照片边交流分享:"我发现路上很多人都穿上长袖了。""草地上有许多爸爸妈妈带着孩子放风筝。""我看到了长得不一样的菊花,还闻到了菊花的香味。""公园里有的树叶变黄了,有的树叶变红了,我拾了一篮落叶。""和小伙伴在草地上分享美食太开心了!"……

我和秋天交朋友

拾一些枯树枝插在花瓶里，用五彩橡皮泥装扮它们。瞧，我们让光秃秃的枯树枝变样啦！

用纸杯制作五颜六色的菊花，用小手印画秋天的树，吸引了一群美丽的蝴蝶来观赏。

幼儿园主题活动环境创设

看一看，找一找，这是哪片树叶的影子？

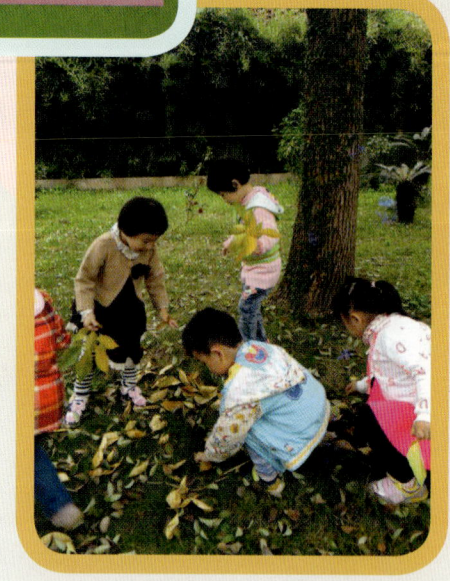

孩子们从各种服装中挑选、搭配，给图中的小朋友穿上最适合、最舒服的衣服。

撕一撕，贴一贴，秋天的树多美啊！

各种形状、颜色的树叶真美，把它们拓印下来装点我们的活动室吧。

4. 可爱的蛋宝宝

美味的甜甜圈、生日蛋糕是孩子们最喜欢的食物，这些美味的糕点都离不开蛋哦！爸爸妈妈说蛋有营养，孩子们说蛋宝宝可爱又美味。什么动物会生蛋？为什么蛋的形状、颜色会不一样？蛋宝宝还有什么秘密？孩子们怀揣着好奇，和老师一起开展了"可爱的蛋宝宝"主题活动。

孩子们在看一看、摸一摸、比一比、玩一玩、说一说等活动中认识蛋宝宝，了解蛋的种类、外形、结构等，懂得了哪些动物会生蛋，区别常见动物的蛋，并尝试进行分类，愿意在集体中表达自己的观察和发现。在此基础上，孩子们积极参与美术活动，用纸团揉贴、彩绘装饰、纸盘造型等形式进行蛋形创意，丰富了对生活中常见蛋的认知经验和表征方式。此外，我们还邀请爸爸妈妈走进班级，和孩子们一起烹饪、制作各种蛋制品，使孩子们感受到动手的快乐。

主题墙

主题墙不断丰富，增加了"这是谁的蛋""蛋里的小秘密""蛋可以变成什么""美味蛋宴齐分享"等板块内容，孩子们通过观察图片，以及和同伴交流，对蛋有了逐步的认识与了解。

幼儿园主题活动环境创设

蛋宝宝时装秀

孩子们用自己喜欢的方式为蛋宝宝们穿上漂亮的外衣，蛋宝宝时装秀拉开了序幕……

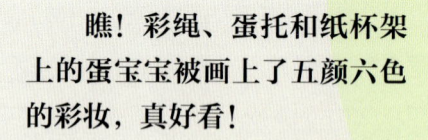

瞧！彩绳、蛋托和纸杯架上的蛋宝宝被画上了五颜六色的彩妆，真好看！

小班

用拓印装饰的蛋宝宝们,好像穿上了一件件美丽的花衣裳。

29

幼儿园主题活动环境创设

毛绒球、吸管、彩纸等材料，将蛋宝宝身上的花纹装点得更加五彩缤纷！

小班

蛋宝宝变身

哈哈！胖乎乎的熊猫、调皮的娃娃、可爱的企鹅……孩子们和爸爸妈妈一起创意，将蛋宝宝大变身！

31

蛋可以这样玩

蛋不仅能食用，还能和孩子们一起玩游戏呢！给蛋宝宝找妈妈、做蛋宝宝沉浮小实验、进行蛋壳拼贴、玩孵蛋等游戏，深受孩子们的喜爱。

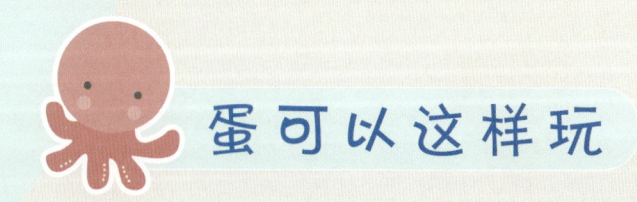

动物宝宝找蛋，比一比：哪种动物的蛋最大？哪种动物的蛋最小？哪种动物的蛋不大又不小？

将皱纹纸揉搓成团，塞进纸卷芯中，变成五颜六色的圣诞大彩蛋！

小班

鹌鹑妈妈、鸡妈妈、鸭妈妈的蛋宝宝在哪儿呢？快帮它们将宝宝送回家吧！

看一看，蛋宝宝泡在清水、盐水和醋里有什么变化？

哇！蛋壳还可以粘贴出漂亮的图案。

33

幼儿园主题活动环境创设

孩子们用大纸箱、纸皮蛋托、稻草等材料，亲手制作了一个孵蛋窝，孵蛋的感觉可真奇妙！

捡来干树枝，我们为小鸟搭一个蛋宝宝的家。

中班

1. 伞花朵朵开

在经历了连续数天的雨天后，孩子们开始关注生活中各种各样的伞，他们对伞的颜色、造型产生了兴趣。"你的伞好漂亮啊，上面怎么还有两个耳朵呢？""你的伞怎么这么短，跟我的不一样啊。"……基于孩子们的关注点，教师与孩子们交流互动，开展了主题活动"伞花朵朵开"。

伴随主题活动的开展，师幼共同创设了图文并茂的主题墙，通过欣赏、观察、调查等活动，让孩子们了解伞的外形、结构和用途等，感知伞给我们的生活带来的便利。孩子们还和爸爸妈妈到福州特色工艺品油纸伞专卖店参观，感受了油纸伞的独特和美丽。随着孩子们的深入探究，我们逐步丰富了主题环境，增加了问题墙，收集孩子们提出的各种感兴趣的问题，呈现他们解决的方法、找到的答案。在获得相关经验的基础上，孩子们在活动区游戏中，以染纸、刮画、编伞面、制作伞灯等多种形式，自主表现美、创造美，并利用伞开展了投掷、转圈等趣味游戏，以伞为道具进行故事和歌舞表演，有效激发了艺术审美情趣。

中班

主题墙

孩子们搜集的各种各样伞的图片，他们完成的"伞的秘密"调查表，以及与伞做游戏的活动照片等，总是吸引着同伴们三三两两地聚在主题墙前欣赏着、翻看着、谈论着……

孩子们边观察边交流：世界上最大的伞和最小的伞是什么样的？还有哪些与众不同的伞？它们有什么特别的地方？

孩子们找一找、数一数家里有几把伞，观察了解伞的颜色、图案、结构、使用方法等，将自己的发现记录下来，并画下自己最喜欢的一把伞。

37

伞的秘密

孩子们带来的伞，就像一朵朵美丽的花，把活动室和走廊装点得格外漂亮。

伞的大小、形状一样吗？伞面有哪些不同的材质？伞柄都是铁制的吗？伞面的花纹有什么不同……孩子们带着问题看一看、比一比、玩一玩、说一说，和小伙伴一起来寻找答案、分享秘密。

我设计的伞

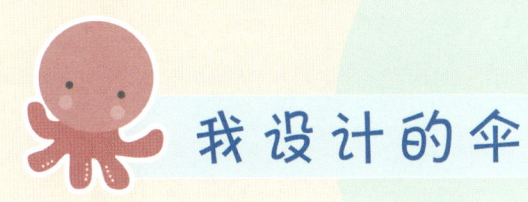

在活动区里,孩子们利用软泡沫、卡纸、宣纸、透明箔片等材料,通过穿编、装饰、印染、刮画、绘画、制作等多种方式呈现色彩缤纷、造型各异的伞作品。

自己编织的伞面是不是很特别?

在大小不一的立体卡纸伞面上尽情涂画,再装上吸管做成的伞柄,一把把可爱的小伞就做好啦!

幼儿园主题活动环境创设

用宣纸印染出五颜六色的伞花，美极了！

刮画出的小伞经过皱纹纸框边，轻巧灵动。

中班

用五彩画笔和颜料涂画，用纸杯纸盘装饰，妙趣横生、创意十足。

41

幼儿园主题活动环境创设

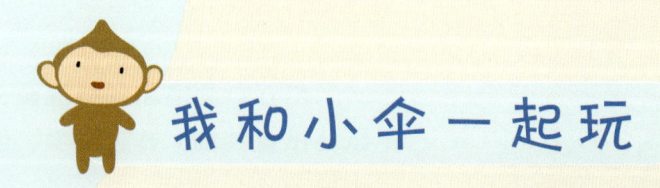

我和小伞一起玩

在孩子们眼中、手中，伞成为了他们快乐玩耍、开心游戏的道具！

比一比，看谁扔得准。

一二三，谁的伞花转得久！

瞧！美丽的小伞在我们的故事表演、走秀舞台上派上了大用场！

2. 好吃的食物

美食，是孩子们感兴趣的话题。在与孩子们交流中，我们发现孩子们时常提到肉燕、芋泥、鱼丸等美食，这些具有明显地域特点的福州本土小吃，大多是符合他们饮食口味的。福州小吃都有哪些品种？它们是由哪些食材制成的？老字号都藏在什么地方，它们都有哪些动人的故事？带着疑问，我们开启了"好吃的食物"之旅，寻觅美味的福州小吃。

逛三坊七巷品福州小吃、参观海鲜市场、亲子烹饪美食、"小吃一条街"游戏、"美食排行榜"投票、邀请老字号传承人走进班级等活动，让孩子们在直接感知、亲身体验、实际操作过程中，了解福州小吃悠久的历史、繁多的品种、鲜美的口味以及讲究的制作工艺，通过活动孩子们获得了许多美食资讯。在"我喜欢吃……"系列美工活动中，孩子们运用彩泥、皱纹纸、泡沫、纸盒等材料，以绘画、泥塑、剪贴等多种形式表现福州小吃，设计食品包装袋，开展"小吃铺"游戏，感受制作美食的乐趣，激发了对福州小吃的喜爱，增进了对家乡饮食文化的了解和热爱。在班际"'吖好食'新年美食节"活动中，孩子们一展身手，自己设计馆标和宣传海报，以特别的方式为美食节宣传造势。孩子们还担任小厨师，制作并叫卖小吃，与同伴一同品尝分享美食，充分体验自己动手的乐趣和成就感。

主题墙

伴随主题活动的推进，"福州小吃大搜索""寻找老字号""我的美味计划""美食排行榜"等内容，图文并茂地呈现在主题墙上，孩子们在与主题环境的互动中获得了有益的经验。

"最想吃哪一种福州小吃？""逛小吃街需要做哪些准备？""买小吃可能会遇到哪些困难？"孩子们将讨论的问题一一记录下来，大家一起商讨对策。

孩子们走进三坊七巷，一起寻找永和鱼丸、同利肉燕、木金肉丸等老字号商家，尝一尝福州小吃的特色风味。

孩子们通过自主投票、统计票数并进行排名，推选出最受欢迎的福州小吃——肉燕。

幼儿园主题活动环境创设

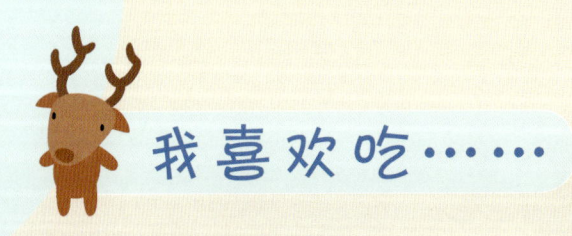

我喜欢吃……

孩子们以绘画、剪贴的方式，大胆、夸张地表现自己张大嘴巴开心吃美食的快乐心情。

福州小吃的制作过程

各色小吃的食材是什么？美味小吃是怎样制作出来的？快来看看孩子们和老师共同搜集、展示的小吃制作过程吧！

47

我们制作的美味小吃

瞧！孩子们用超轻粘土、皱纹纸、软泡沫等材料制作的美味"小吃"，盛放在自己装饰的笼屉、青花碗里，充满了乡土气息。

甜糯的"芋泥"

绵长的"线面"

酥脆的"春卷"

鲜香的"肉燕"

Q弹的"鱼丸"

幼儿园主题活动环境创设

我们设计的小吃包装袋

开小吃店要怎样进行美食宣传和食物打包呢？孩子们和爸爸妈妈一起，用牛皮纸袋设计福州名小吃包装袋：聚春园佛跳墙、立日有肉松、耳聋伯花生汤……真是琳琅满目啊！

小吃铺开张了

孩子们和老师一同创设了具有福州地域风情的小吃铺，学做厨师动手制作，担任服务员介绍小吃，扮演顾客开心品尝，玩得不亦乐乎！

幼儿园主题活动环境创设

"'吖好食'新年美食节"等你来！

孩子们用特别的方式为自己的美食节宣传造势，让我们对"美味福州小吃街"充满了期待……

富有特色的大牌坊，贴有老师和孩子们共同创作的大红对联，喜气洋洋！

孩子们自己设计的美食节馆标生动形象，装饰的小吃铺古色古香。

幼儿园主题活动环境创设

稚嫩的宣传叫卖声此起彼伏，吸引了小朋友和家长们驻足观看、前来询问。

享用美食后，为自己喜欢的小吃投上一票吧！

3. 多彩的服装

班级的两位老师即将成为新娘和妈妈，孩子们在欣赏了俞老师美丽的婚纱照后，纷纷发表自己的看法："这件婚纱真漂亮，一层一层好多花边，穿起来像白雪公主一样。""我喜欢这一套，红红的颜色很喜庆，还有好多绣花呢。""这件粉红色的婚纱最美，像芭比娃娃的裙子。"……他们对照片中展现的不同婚纱款式产生了浓厚的兴趣。接着，孩子们对杨老师的孕妇装也开始关注起来，对即将出生的小宝宝穿什么样的服装感到十分好奇。为此，我们追随孩子们的兴趣，以老师的婚纱和孕妇装为切入点，开展了"多彩的服装"主题活动。

孩子们通过调查访问，了解两位老师的喜好，和爸爸妈妈一起搜集各种材料，为老师量身定做美丽的婚纱和漂亮的孕妇裙，表达对老师爱的情感。在此基础上，孩子们还通过搜集资料、欣赏观察，了解小宝宝的服装特点、不同行业的服装特点，以及制作服装的工具和流程……在"洗衣坊"游戏中学习分类整理服装，在区角活动中设计制作各种服饰……充分感受服装的多姿多彩。

幼儿园主题活动环境创设

主题墙

历经讨论、设计、选材、量体、裁剪、制作、装饰等一系列工序，孩子们完美呈现了他们心目中的美丽婚纱和漂亮孕妇裙。主题墙上的照片和图片，记录下了这点点滴滴，也记录下孩子们对老师的爱。

孩子们根据婚纱设计图，用搜集来的包装纸、彩纱、花片、扣子、绒球等精心装点，为俞老师制作一件他们心目中最美的婚纱，并祝愿俞老师成为世界上最美丽的新娘。

中班

孩子们为杨老师量体裁衣，用心选择各种花色的碎布料进行制作。这样，杨老师的孕妇裙不仅舒适而且漂亮。

57

幼儿园主题活动环境创设

服装是怎么制作出来的，需要哪些工具和程序？爸爸妈妈的工作服是什么样的？我们小时候穿的服装是怎样的？有哪些特殊用途的服装？……孩子们谈论着感兴趣的话题，不断寻求问题的答案，主题墙随之丰富起来。

中班

我们设计的服装

孩子们对设计服装充满了热情，在晨间活动、活动区游戏中，为杨老师的小宝宝、班级足球队、动物朋友等设计了各种各样的服装。

幼儿园主题活动环境创设

孩子们将玻璃瓶当作模特，又用小泡沫、纸杯纸碗、纸卷芯等制作小人，然后为它们制作各种漂亮的服饰。

自己动手真开心

小小制衣工厂开张啦！在这里，孩子们近距离接触常见的制衣工具，在老师的帮助下学习使用小缝纫机，尝试缝纽扣、做袖套等。

幼儿园主题活动环境创设

孩子们在"洗衣坊"里洗衣服、晒衣服、折衣服、熨衣服，将衣帽间收拾得整齐有序。

大班

1. 闽剧小票友

在开展"榕城是我家"主题活动过程中，具有地方特色的闽剧表演引起了孩子们的关注。孩子们对闽剧的语言，演员的服装、扮相以及道具等产生了浓厚的兴趣："他们唱的是什么？怎么和我们说话不一样啊？""他们的衣服是古代的，袖子很长，好特别。""她们头上的头发那么多，重不重呀？""哈哈，这个叔叔把自己的鼻子涂成了白色，好搞笑！"……

在爸爸妈妈的帮助下，孩子们利用周末时间走进闽剧院，与闽剧来了一次近距离的接触：观看现场演出，参观化妆室和道具室，请演员叔叔阿姨解答自己的疑问，向叔叔阿姨们献花，并和他们一起合影。不仅如此，闽剧院的叔叔阿姨还来到幼儿园，教孩子们学习闽剧唱腔、手势，欣赏闽剧服饰，更激发了孩子们对闽剧的兴趣。精彩的活动瞬间展示在富有戏剧特色的主题墙上，孩子们三三两两地围在旁边交流、回顾，还时不时模仿戏剧角色的动作！

将废旧布料裁剪成闽剧演员的衣服，用七彩画笔涂画闽剧人物的脸谱，把纸盒、塑料碗做成小生的官帽，用毛根、超轻彩泥设计出美丽的发簪……活动室里到处都是孩子们用各种材料、各种方式表现的"闽剧印象"。孩子们还动手设计，创设了闽剧小舞台、化妆间，在快乐的表演活动中增进了对家乡戏曲的认识，激发了对闽剧艺术的喜爱，提高了自主表现的积极性。

大班

主题墙

主题墙上，一个个精彩的瞬间吸引着孩子们在这里驻足欣赏，交流分享。

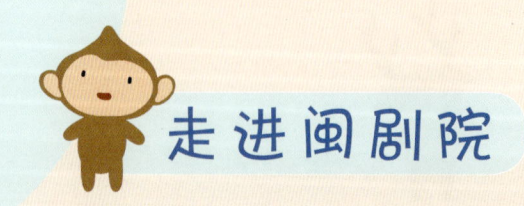

走进闽剧院

走进闽剧院，孩子们和爸爸妈妈一起观看精彩的闽剧表演，欣赏闽剧演员精美的服饰和扮相，还带着许多问题来到后台寻找答案，和闽剧演员进行一次近距离的接触。

闽剧走进幼儿园

意犹未尽的孩子们邀请闽剧演员走进幼儿园，摇摇小扇子，学学兰花指，瞧，孩子们的扮相多可爱！

67

我认识的闽剧人物形象

你认识这些闽剧人物形象吗？英雄脸、大丑脸、大花脸、三花脸等，每个脸谱都代表着一种角色的类型。

圆形泡沫底板彩绘的脸谱，你知道它们代表的是什么角色吗？

大班

涂一涂、卷一卷、摆一摆、贴一贴，各具特色的闽剧人物形象栩栩如生。

69

我们设计的精美戏服

"那些男演员们的帽子两边好像小动物的耳朵，也像飞机的翅膀。""小生用的是折扇，花旦用的是圆扇。"……孩子们对闽剧演员的服饰、道具饶有兴趣，用各种材料和各种方式设计、制作了丰富多样的闽剧服饰与道具。

精致绣花鞋

用布艺剪贴制作的戏服

画一画、折一折，五彩扇子真好看。

剪一剪、粘一粘，纸袋、纸盒、方便面桶制作的官帽创意十足。

美丽的发饰

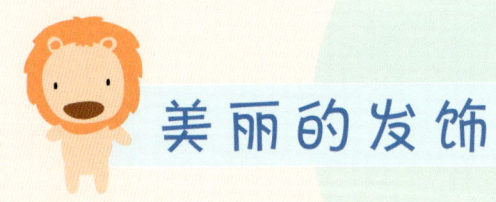

学着用毛线编小辫子，用拗、穿、折等方式将铁丝、毛根做出头簪造型，再用五颜六色的彩泥进行装饰点缀，各式各样的发簪精致又美丽。别上发夹，插上发簪，女孩们照着镜子，别提多开心了。

你喜欢哪一个发簪，试一试吧！

幼儿园主题活动环境创设

闽剧脸谱大伞

将画有闽剧脸谱的大纸伞挂在幼儿园大厅，真气派！

大班

大家来签到

我是小生，你是花旦，签到栏上，孩子们将自己设计成喜欢的闽剧人物形象，在每天晨间入园时根据自己入园的时间"对号入座"。

幼儿园主题活动环境创设

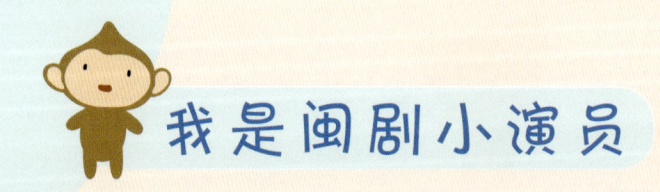

我是闽剧小演员

搬桌子、摆椅子、搭舞台、画屏风，我的剧场我做主。戴上头饰，穿上戏服，精彩的演出开始啦！

74

2. 我的运动我做主

在福州召开的青运会受到了大班孩子的热切关注，孩子们和爸爸妈妈一起观看开幕式盛况，关注赛事战报，讨论运动话题，共同制作运动会海报……举行一场自己的运动会，成为孩子们共同的愿望。

孩子们和爸爸妈妈一起了解青运会的口号、会旗、会歌等，还亲身体验了火炬传递。孩子们投票评选自己喜欢的吉祥物，和同伴一起设计并制作运动会的会旗、班标、奖杯和奖牌，为运动会创编会歌和啦啦舞，自主选择自己喜爱的运动项目，自主拟订运动规则和锻炼计划，并和爸爸妈妈充分利用晨间入园和傍晚离园的时间，积极参与比赛项目的练习。赛场上，孩子们和爸爸妈妈团结协作、奋力拼搏，用自己的行动诠释了亲子之间爱的情感、同伴之间爱的鼓励，以及团队的凝聚力和集体荣誉感。活动室里，到处充满了运动会的浓浓氛围；主题墙上，留下了孩子们备战运动会的点点滴滴和比赛现场的精彩瞬间。在协商策划、搜集信息、分工合作、解决问题等过程中，孩子们获得了开展运动会的相关经验，体验到自主运动带来的快乐。

幼儿园主题活动环境创设

主题墙

青运会开幕了，今天有哪些比赛？你最喜欢的运动明星是谁？孩子们认真观看每天的赛事，和爸爸妈妈一起制作了图文并茂的海报。每天入园、离园或自由活动时间，孩子们三三两两地围在海报前，相互介绍自己最喜欢的运动明星，交流比赛的最新消息。

我最喜欢的运动员

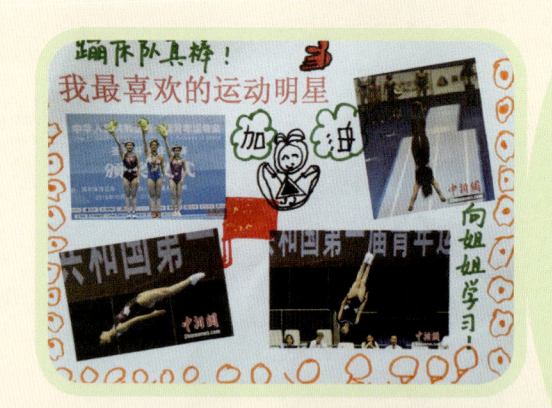

瞧，用废旧光盘、塑料瓶盖、双面胶卷芯设计的运动明星多帅呀！

我喜欢的运动项目

"我喜欢跳水。""我喜欢羽毛球。""我喜欢跑步。"……孩子们用毛根、报纸、吸管、橡皮泥等材料设计并制作成各种运动造型,展示在活动室的各个角落。

我的运动会我做主

要举办我们自己的运动会了，孩子们带来了自己最喜欢的玩偶，通过投票的方式评选出运动会的吉祥物——小企鹅奇奇并和同伴一起绘制会旗，设计并制作奖牌、奖杯和班牌，充分体现了我的运动会我做主的精神。

瞧，用纸杯制作的小企鹅奇奇多可爱呀！

大班

孩子们将小企鹅的形象绘制成入场彩旗、会旗，还试着举旗练习入场。

会旗上的小企鹅真可爱

举着入场彩旗走一走

79

幼儿园主题活动环境创设

孩子们用硬纸板设计了金、银、铜奖牌，用报纸、酒瓶设计了奖杯，用纸杯、彩泥制作了班标，闪亮的奖杯、奖牌激发了孩子们运动的热情。

各种各样的奖牌

瞧，我们的奖杯多有创意呀！

和小伙伴一起制作入场式班牌

我的锻炼计划

"我想参加运球比赛。""我想参加跳绳比赛。""我想和爸爸一起参加过河比赛。"……孩子们和爸爸妈妈一起商讨参赛的项目，为自己拟订锻炼计划，并在幼儿园、在家抓紧时间练习，为运动会做充分的准备。

每天按照自己的计划来练习

加油！你可以的！

幼儿园主题活动环境创设

看看，谁是我们班的跳绳高手？为他点个赞吧！

82

热力四射的啦啦操

运动会开幕式怎能没有一段热情四射的啦啦操？孩子们观看啦啦操视频，和小伙伴选择啦啦操音乐，商讨、绘制啦啦操动作步骤图，自编、自导、自演了一段动感十足的啦啦操。

这是我们自己设计的啦啦操动作

看我们跳得多带劲儿

幼儿园主题活动环境创设

走进体育学院

孩子们还走进体育学院，观摩了哥哥姐姐们的刻苦训练，并现场采访了哥哥姐姐平时训练的经历。他们为哥哥姐姐们不怕困难、坚持不懈的运动精神所感动，备战运动会有了更大的动力。

哥哥姐姐平时的训练很认真，也很辛苦，他们好棒！

孩子们心中有很多的问题，采访一下姐姐吧！"姐姐，你每天训练几个小时？想妈妈吗？不训练的时候做什么？"

运动会开始啦！

运动会开始了，孩子们举着自己设计的班牌，喊着整齐的口号，雄赳赳地走进运动场。

赛场上，孩子们和爸爸妈妈配合默契、奋力冲刺，用自己的行动诠释着积极向上、努力拼搏、团结友爱、坚持到底的体育精神，亲身感受到团队凝聚力和集体荣誉感。

幼儿园主题活动环境创设

主题墙

主题墙上，记录了孩子们在运动会中走过的点点滴滴。

数一数，一共获得多少奖牌？这可是大家共同努力的结果哦！

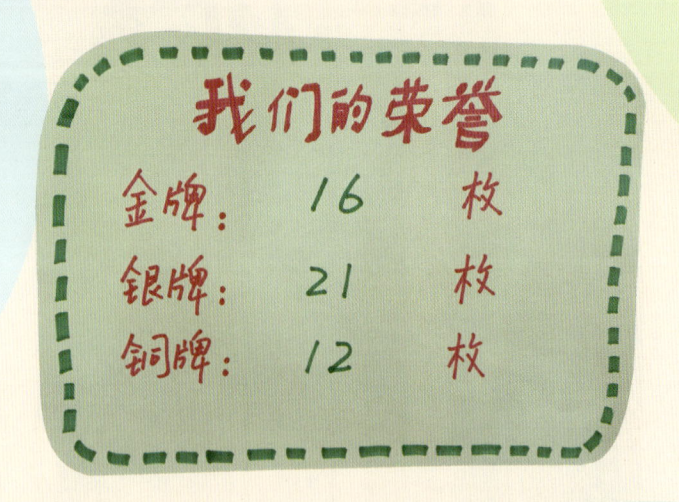

我们的荣誉
金牌： 16 枚
银牌： 21 枚
铜牌： 12 枚

3. 百变汽车

汽车一直是孩子们最喜欢的玩具之一。到了大班，孩子们更关注汽车的构造、功能、速度等问题。"汽车的轮子为什么有很深的凹槽？""老爷车和现在的汽车有什么不一样？""车牌上的字母代表什么意思？""汽车能不能设计成小动物的形状？"孩子们常常聚在一起讨论着、研究着。

孩子们和爸爸妈妈一起参观汽车展，欣赏不同品牌的汽车的造型；仔细观察自己家的汽车，知道各种指示灯以及车内图标、按钮的作用；和爸爸妈妈一起上网搜索资料，了解轮胎的凹槽与摩擦力的关系；在"车博士工作坊"里拆装汽车，探索汽车速度与坡度的关系……主题墙上，呈现了孩子们与爸爸妈妈的"汽车创想"；展示台上，陈列着孩子们用插塑、纸盒、橡皮泥等创作的汽车。孩子们还和爸爸妈妈一起商讨改造汽车的方案、设计改造图纸，准备改造材料，并邀请爸爸妈妈来到幼儿园，一起动手改造幼儿园废旧的汽车造型的床铺。在团队协作创作中，孩子们与同伴及爸爸妈妈互相沟通、协调、分工、合作，充分体验到自主想象、合作创造的乐趣。

幼儿园主题活动环境创设

主题墙

汽车里有什么？每个按钮是做什么用的？汽车前后一共有几个灯？一起来看看吧！

设计师设计的汽车真是太有创意了！

这是孩子们和爸爸妈妈一起设计改造的汽车，他们的创意很精彩吧！

守时巴士出发啦！

大三班的守时巴士8:40要发车啦，今天你准时上车了吗？

幼儿园主题活动环境创设

我们的汽车俱乐部

"车博士工作坊"里，孩子们化身小小工程师，使用工具拆装汽车，将汽车玩具进行变身，和同伴一起开展有趣的汽车速度实验。汽车游戏真有趣！

拆装汽车玩具

垫子上、桌面上、斜坡上，汽车在哪里开得更快呢？

玩具汽车变身

大班

最早的汽车原来是这样的呀！

远光灯和近光灯有什么不同？下冰雹的时候汽车玻璃会不会碎呢？汽车头顶的天线有什么用？孩子们心里藏着许多关于汽车的问题。

这些汽车的标志你认识吗？

车牌上的文字、字母和颜色都代表不同的意思，一起来找找车牌的秘密吧！

91

幼儿园主题活动环境创设

我设计的小汽车

用积木、万通板搭一座桥，桥上桥下都行驶着孩子们用泥塑、拼插、绘画等方式制作的汽车。你知道哪一辆是我做的吗？

大班

画一画、剪一剪、贴一贴，孩子们的汽车"行驶"在美丽的森林里，这是一道特别的风景。

瞧，画好的汽车可以卷成圆筒状，也可以装在木框里，还可以与车轮串在一起，孩子们的汽车创意作品无处不在。

93

亲子汽车大创意

商讨分组，邀请爸爸妈妈参加。制订改造方案，设计图纸，搜集材料，实施改造计划，孩子们和爸爸妈妈一起利用幼儿园废弃的汽车床和纸箱等废旧材料，设计改造了最具创意的未来汽车，还吸引了许多家长和小朋友们前来合影呢！

大班

天鹅车、公主车、迷彩坦克、快乐帆船……在亲子汽车创作活动中，孩子们和爸爸妈妈创意多多，快乐多多！

95

4. 怪物大学

"我喜欢大眼仔，因为它的一只大眼睛很可爱。""大眼仔每次学习都很认真。""毛怪每次遇到大眼仔老是吵架。"……随着迪斯尼动画电影《怪物大学》的热播，勤奋的大眼仔、强壮的毛怪、可爱的史乖宝等形态各异的怪物明星，成了孩子们谈论的话题。一段由老师和孩子们共同开启的"怪物大学"奇妙之旅开始了。

孩子们和老师一起回顾电影精彩花絮，谈论发生在每个怪物身上的精彩故事；为怪物设计名片卡，让更多的小朋友认识自己喜欢的怪物；开展怪物人气排行榜评选，选出大家最喜欢的怪物；和小伙伴组合创建怪物小分队，一起为小分队装饰能量收集瓶，设计队服和口号。孩子们将活动室变成一所"怪物大学"，利用纸皮绘制怪物大学的大门，用彩绘、泥塑、剪贴等方式制作大大小小、形态各异的怪物形象，有的贴在墙面上，有的摆在柜子上，有的挂在活动室上空，"怪物大学"里热闹非凡。孩子们还邀请爸爸妈妈来到幼儿园，共同设计怪物形象，利用纸箱、水管、纸筒等废旧材料制作各具特色的大型怪物。在与环境、材料、同伴充分互动以及自主探索的过程中，孩子们学会发现自己和同伴身上的美，感受到了齐心协力、积极向上、坚持不放弃的团队精神，同时也体验到探索、创作、合作、分享带来的乐趣。

主题墙

主题墙上，孩子们用独特的方式展现了怪物大学里的精彩故事和自己设计的怪物名片，吸引了不少怪物迷们在这里欣赏、交流。

"蓝道为什么会隐身？""大眼仔的眼睛有多大？""怪物们平时吃些什么？"孩子们对怪物形象充满了兴趣，对怪物们在怪物大学里的学习、生活充满了好奇。孩子们把自己的疑问、想法都记录在"小小怪物，你问我答"册子上，怪物迷们还可以互相答疑解惑哦！

每个怪物都有自己不同的本领，孩子们为自己喜欢的怪物设计名片，上面标注怪物的名字、所属队伍以及特长技能等，并向同伴推荐自己的怪物明星。

幼儿园主题活动环境创设

我最喜欢的怪物明星

"我喜欢大眼仔，它很善良。""我喜欢蓝道，它会隐身。"……在塑料玻片制成的投票筒前，孩子们为自己喜欢的怪物投上一票，还专门绘制大型宣传海报、开设播报台给自己心仪的怪物宣传拉票呢！

快来和人气最高的怪物明星一起合个影吧！

98

大班

欢迎来到怪物大学

用纸箱、瓶盖、水管等做成的"大眼仔"和"阿拱"形象站立在大门两侧，气派、富有童趣的校门受到了怪物们的喜爱。欢迎来到怪物大学！

早上好！每天晨间来园时，孩子们有序地来到怪物签到台前签到，并将自己制作的彩泥小怪物贴到相应的楼层上，大家都是守时不迟到的好孩子。

幼儿园主题活动环境创设

我们设计的怪物

怪物大学里，到处都是孩子们设计、制作的怪物形象。

用瓦楞纸、彩泥、纽扣、吸管等材料装饰的怪物相框，多奇特！

大班

怪物展示台上陈列着用纸杯、酒桶、玻璃瓶、PVC管、超轻彩泥、卡纸等创作的各式各样的怪物造型，晨间、餐前、离园时间，孩子们与同伴互相介绍自己设计的怪物形象。

101

幼儿园主题活动环境创设

钢琴后盖板，孩子们将彩泥制作的怪物贴在磁性板上，自由创编怪物大学的精彩故事。

作品展示栏上，孩子们用绘画、印染、剪贴等各种方式表现自己喜欢的怪物。

大班

可爱的小怪物们坐在空中的"秋千"上，和孩子们遥遥相望呢！

103

幼儿园主题活动环境创设

有趣的怪物游戏

编织坊里，孩子们为怪物编辫子；美工区里，孩子们用瓶子、彩泥、吸管等变出造型各异的怪物，或用彩色布绳拼摆怪物形象；科学区里，孩子们用塑料袋吹出一只大怪兽。怪物游戏真有趣。

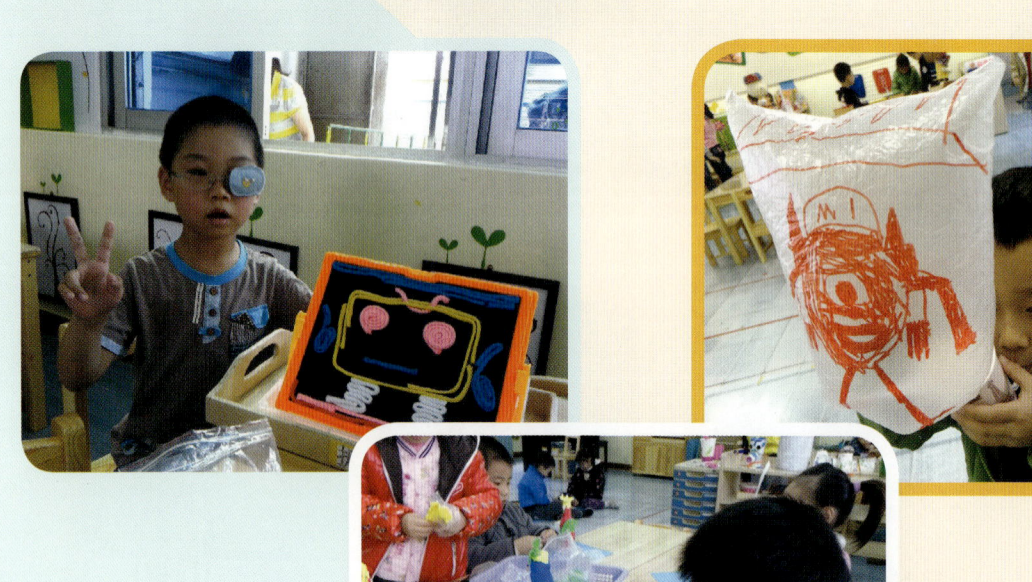

大班

孩子们运用卡纸、塑料袋、面具等材料制作怪物外衣，在升旗仪式的晨会上向全园小朋友进行怪物秀展示，并把自制的怪物道具投放到表演区进行表演。

105

幼儿园主题活动环境创设

怪物畅想

孩子们的怪物畅想得到了爸爸妈妈的大力支持，他们和爸爸妈妈一起搜集大纸箱、水管、刷子、PVC管、键盘等废旧材料，共同商讨、设计、合作完成了大型怪物。瞧，一个个怪物多威风！

怪物运动会

怪物大学运动会马上就要开始啦！孩子们在彩色大塑料膜上，为自己共同喜欢的怪物制作战旗，为自己的队伍助威。

幼儿园主题活动环境创设

每个怪物战队都有自己响亮的名字和队服。孩子们用丙烯颜料彩绘自己的队服和队标，用贝壳、毛根、纽扣等废旧材料装饰小组能量瓶，并通过自己的努力为能量瓶增加能量，为自己的战队加油。